Maria Cristina Catalano
Amela Vucic

Französisch an Stationen

Übungsmaterial zu den
Kernthemen der Bildungsstandards

3. Lernjahr

Auer

Die Herausgeber:

Marco Bettner: Rektor als Ausbildungsleiter, Haupt- und Realschullehrer, Referent in der Lehrerfort- und Lehrerweiterbildung

Dr. Erik Dinges: Rektor einer Förderschule für Lernhilfe, Referent in der Lehrerfort- und Lehrerweiterbildung

Die Autorinnen:

Maria Cristina Catalano: Fachlehrerin für Französisch und Deutsch in der Sekundarstufe I

Amela Vucic: Fachlehrerin für Französisch und Deutsch in der Sekundarstufe I

Bildquellen:

- S. 10 Karte französischer Überseegebiete © Yann Sciardis, www.le-lutin-savant.com
- S. 15 Eiffelturm © Ben LIEU SONG, wikipedia
- S. 15 Champs-Élysées © Andrzej Barabasz, wikipedia
- S. 15 Arc de Triomphe © Ben LIEU SONG, wikipedia
- S. 16 Place de la Concorde © Eric Pouhier, wikipedia
- S. 16 Notre-Dame de Paris © Wowo2008, wikipedia
- S. 16 Louvre © Ben LIEU SONG, wikipedia
- S. 16 Sacré-Cœur © Berthold Werner, wikipedia
- S. 17 Musée d'Orsay © Vangogho, wikipedia
- S. 40 Heißluftballon © MEV-Verlag, Foto Clip Collection, 30061001

Gedruckt auf umweltbewusst gefertigtem, chlorfrei gebleichtem und alterungsbeständigem Papier.

1. Auflage 2015
Nach den seit 2006 amtlich gültigen Regelungen der Rechtschreibung
© Auer Verlag
AAP Lehrerfachverlage GmbH, Donauwörth
Alle Rechte vorbehalten
Das Werk und seine Teile sind urheberrechtlich geschützt. Jede Nutzung in anderen als den gesetzlich zugelassenen Fällen bedarf der vorherigen schriftlichen Einwilligung des Verlages. Hinweis zu § 52a UrhG: Weder das Werk noch seine Teile dürfen ohne eine solche Einwilligung eingescannt und in ein Netzwerk eingestellt werden. Dies gilt auch für Intranets von Schulen und sonstigen Bildungseinrichtungen.
Illustrationen: Steffen Jähde, Stefan Lohr
Satz: Fotosatz H. Buck, Kumhausen
Druck und Bindung: Kessler Druck + Medien GmbH, Bobingen
CD-Pressung: optimal media production GmbH, Röbel/Müritz
ISBN 978-3-403-**07592**-9

www.auer-verlag.de

Inhaltsverzeichnis

Vorwort 5

Materialaufstellung und Hinweise zu den einzelnen Stationen 6

Fiche de bord 8

La France
- Station 1: Les régions de France . . . 9
- Station 2: La France d'outre-mer . . . 10
- Station 3: La francophonie I 11
- Station 4: La francophonie II 12
- Station 5: La France en fête 14
- Station 6: Paris et ses monuments . . 15
- Station 7: Je connais la capitale 17
- Station 8: Tabou® 18
- Station 9: On est à Paris 19

Le système scolaire en France
- Station 1: Au salon de discussion sur internet 20
- Station 2: C'est comme ça l'école en France 22
- Station 3: Le système scolaire français 23
- Station 4: Les sentiments 25
- Station 5: Grilles des mots 27
- Station 6: Mon école de rêve 28
- Station 7: Partout des adjectifs! 29

Des portraits
- Station 1: Un portrait (*pronoms relatifs*) 30
- Station 2: Voilà, mon copain/ ma copine! 31
- Station 3: Faire des portraits 32
- Station 4: Le discours direct et indirect 33
- Station 5: On cherche un cahier (*discours indirect*) 34
- Station 6: Discussion à trois (*discours indirect*) 35

Hier et demain
- Station 1: Pourquoi l'imparfait? 36
- Station 2: Imparfait ou passé composé? 37
  La différence entre passé composé et imparfait 38
- Station 3: Puissance quatre 39
- Station 4: Avec une montgolfière sur la Côte d'Azur 40
- Station 5: Le concert (*passé composé, imparfait, plus-que-parfait*) 42
- Station 6: Le futur simple 43
- Station 7: Tout sera bien! (*futur simple*) 44
- Station 8: Le futur pour deux 46
- Station 9: De temps en temps 47

Sentiments et arguments
- Station 1: Un jeu de sentiments 48
- Station 2: Les expressions des sentiments 53
- Station 3: Un SMS pour toi 54
- Station 4: A ton avis 56
- Station 5: Sujets de discussion 58

Solutions 59

Retranscriptions de la compréhension orale 72

Inhaltsverzeichnis

Piste 1 (0:50 min)
La France – Station 4: La francophonie II, Exercice 1 + 2 (S. 12/13)

Piste 2 (0:53 min)
La France – Station 6: Paris et ses monuments (S. 15/16)

Piste 3 (2:05 min)
Le système scolaire en France – Station 2: C'est comme ça l'école en France (S. 22)

Piste 4 (1:30 min)
Le système scolaire en France – Station 4: Les sentiments, Exercice 1 (S. 25)

Piste 5 (1:40 min)
Des portraits – Station 1: Un portrait, Exercice 1 (S. 30)

Piste 6 (1:11 min)
Sentiments et arguments – Station 5: Sujets de discussion, Exercice 1 (S. 58)

Vorwort

Bei den vorliegenden Stationsarbeiten handelt es sich um eine Arbeitsform, bei der unterschiedliche Lernvoraussetzungen, unterschiedliche Zugänge und Betrachtungsweisen und unterschiedliche Lern- und Arbeitstempi der Schüler[1] Berücksichtigung finden. Die Grundidee ist, den Schülern einzelne Arbeitsstationen anzubieten, an denen sie gleichzeitig selbstständig arbeiten können. Die Reihenfolge des Bearbeitens der Einzelstationen ist dabei ebenso frei wählbar wie das Arbeitstempo und meist auch die Sozialform. Wo Partner- oder Gruppenarbeit erforderlich ist, wird dies durch ein entsprechendes Symbol gekennzeichnet:

 Partnerarbeit    Gruppenarbeit

Als dominierende Unterrichtsprinzipien sind bei allen Stationen die Schülerorientierung und Handlungsorientierung aufzuführen. Schülerorientierung meint, dass der Lehrer in den Hintergrund tritt und nicht mehr im Mittelpunkt der Interaktion steht. Er wird zum Beobachter, Berater und Moderator. Seine Aufgabe ist nicht das Strukturieren und Darbieten des Lerngegenstandes in kleinsten Schritten, sondern durch die vorbereiteten Stationen eine Lernatmosphäre zu schaffen, in der Schüler sich Unterrichtsinhalte eigenständig erarbeiten bzw. Lerninhalte festigen und vertiefen können.

Handlungsorientierung meint, dass das angebotene Material und die Arbeitsaufträge für sich selbst sprechen. Der Unterrichtsgegenstand und die zu gewinnenden Erkenntnisse werden nicht durch den Lehrer dargeboten, sondern durch die Auseinandersetzung mit dem Material und die eigene Tätigkeit gewonnen und begriffen.

Ziel der Veröffentlichung ist, wie bereits oben angesprochen, das Anknüpfen an unterschiedliche Lernvoraussetzungen der Schüler. Jeder Einzelne erhält seinen eigenen Zugang zum inhaltlichen Lernstoff. Die einzelnen Stationen ermöglichen das Lernen mit allen Sinnen bzw. den verschiedenen Eingangskanälen. Dabei werden sowohl visuelle (sehorientierte) als auch haptische (fühlorientierte) sowie kognitive (intellektuelle) Lerntypen angesprochen. An dieser Stelle werden auch gleichermaßen die Brunerschen Repräsentationsebenen (enaktiv bzw. handelnd, ikonisch bzw. visuell und symbolisch) mit einbezogen. Aus Ergebnissen der Wissenschaft ist bekannt: Je mehr Eingangskanäle angesprochen werden, umso besser und langfristiger wird Wissen gespeichert und damit umso fester verankert. Das vorliegende Arbeitsheft unterstützt in diesem Zusammenhang das Erinnerungsvermögen, das nicht nur an Einzelheiten und Begriffe geknüpft ist, sondern häufig auch an die Lernsituation.

Folgende Inhalte des Französischunterrichts werden innerhalb der verschiedenen Stationen behandelt:

- La France
- Le système scolaire en France
- Des portraits
- Hier et demain
- Sentiments et arguments

---

[1] Aufgrund der besseren Lesbarkeit ist in diesem Buch mit Schüler auch immer Schülerin gemeint, ebenso verhält es sich mit Lehrer und Lehrerin etc.

Materialaufstellung und Hinweise zu den einzelnen Stationen

La France

Die Seiten 9–19 sind in entsprechender Anzahl zu vervielfältigen und den Schülern bereitzulegen. Als Möglichkeit zur Selbstkontrolle können Lösungsseiten erstellt werden. Manchmal sind auch offene Aufgaben mit individuellen Lösungen vorhanden, die dann im Plenum besprochen werden sollten.

Seite 9 Station 1: **Les régions de France**: Buntstifte

Seite 10 Station 2: **La France d'outre-mer**: Computer mit Internetzugang

Seite 11 Station 3: **La francophonie I**: Computer mit Internetzugang

Seite 12 Station 4: **La francophonie II**: CD Player, Audio-CD

Seite 14 Station 5: **La France en fête**: Computer mit Internetzugang,
Hinweis: Die Übung dient der Festigung und Wiederholung der Feiertage in Frankreich. Wenn die Schüler damit die Feiertage erschließen sollen, kann man diese evtl. an eine Internetrecherche anknüpfen.

Seite 15 Station 6: **Paris et ses monuments**: CD Player, Audio-CD

Seite 17 Station 7: **Je connais la capitale**: Schere

Seite 18 Station 8: **Tabou**: Seiten laminieren

Seite 19 Station 9: **On est à Paris**: Seite laminieren, Würfel, 2 Spielfiguren, Verbtabelle

Le système scolaire en France

Die Seiten 20–25 sind in entsprechender Anzahl zu vervielfältigen und den Schülern bereitzulegen. Als Möglichkeit zur Selbstkontrolle können Lösungsseiten erstellt werden. Manchmal sind auch offene Aufgaben mit individuellen Lösungen vorhanden, die dann im Plenum besprochen werden sollten.

Seite 20 Station 1: **Au salon de discussion sur internet**: Wörterbücher

Seite 22 Station 2: **C'est comme ça l'école en France**: CD Player, Audio-CD

Seite 25 Station 4: **Les sentiments**: CD Player, Audio-CD, Wörterbücher

Des portraits

Die Seiten 30–35 sind in entsprechender Anzahl zu vervielfältigen und den Schülern bereitzulegen. Als Möglichkeit zur Selbstkontrolle können Lösungsseiten erstellt werden. Manchmal sind auch offene Aufgaben mit individuellen Lösungen vorhanden, die dann im Plenum besprochen werden sollten.

Seite 30 Station 1: **Un portrait**: CD Player, Audio-CD

Seite 35 Station 6: **Discussion à trois**: Schere

Hier et demain

Die Seiten 36–46 sind in entsprechender Anzahl zu vervielfältigen und den Schülern bereitzulegen. Als Möglichkeit zur Selbstkontrolle können Lösungsseiten erstellt werden. Manchmal sind auch offene Aufgaben mit individuellen Lösungen vorhanden, die dann im Plenum besprochen werden sollten.

Seite 36   Station 1:   **Pourquoi l'imparfait?**: rote, blaue und grüne Stifte

Seite 39   Station 3:   **Puissance quatre**: eventuell laminieren, Buntstifte

Seite 40   Station 4:   **Avec une montgolfière sur la Côte d'Azur**: Computer mit Internetzugang

Seite 46   Station 8:   **Le futur pour deux**: Schere

Sentiments et arguments

Die Seiten 48–58 sind in entsprechender Anzahl zu vervielfältigen und den Schülern bereitzulegen. Als Möglichkeit zur Selbstkontrolle können Lösungsseiten erstellt werden. Manchmal sind auch offene Aufgaben mit individuellen Lösungen vorhanden, die dann im Plenum besprochen werden sollten.

Seite 48   Station 1:   **Un jeu de sentiments**: Schere

Seite 53   Station 2:   **Les expressions des sentiments**: Wörterbücher

Seite 54   Station 3:   **Un SMS pour toi**: Buntstifte, Computer mit Internetzugang

Seite 56   Station 4:   **A ton avis**: Schere, Kleber

Seite 58   Station 5:   **Sujets de discussion**: CD-Player, Audio-CD

Fiche de bord

pour _____

Stations obligatoires

Numéro de la station	accomplie	contrôlée
numéro ____		
numéro ____		
numéro ____		
numéro ____		
numéro ____		
numéro ____		
numéro ____		
numéro ____		
numéro ____		

Stations facultatives

Numéro de la station	accomplie	contrôlée
numéro ____		
numéro ____		
numéro ____		
numéro ____		
numéro ____		

Station 1

Les régions de France

Name:

Exercice

Ecris les noms des régions dans la carte de France.

Alsace   Auvergne   Aquitaine   Bourgogne   Basse-Normandie
Centre   Limousin   Champagne-Ardenne   Haute-Normandie   Bretagne
Franche-Comté   Lorraine   Ile-de-France   Languedoc-Roussillon   Corse
Midi-Pyrénées   Rhône-Alpes   Nord-Pas-de-Calais   Poitou-Charentes   Picardie
Pays de la Loire   Provence-Alpes-Côte-d'Azur

Station 2

   La France d'outre-mer

Name:

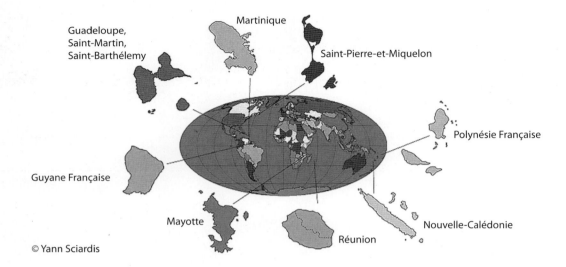

© Yann Sciardis

Exercice 1

Comment est-ce qu'on appelle les départements et territoires d'outre-mer en abrégé?

_____

Exercice 2

Qu'est-ce que c'est les départements et territoires d'outre-mer?
Faites une recherche sur internet et prenez des notes.

_____

_____

_____

_____

_____

_____

_____

Exercice 3

Préparez une petite présentation (trois minutes) pour les autres groupes.

Station 3

La francophonie I

Name:

Exercice

Fais une recherche sur internet et réponds aux questions.

1. Note trois pays qui sont des anciennes colonies françaises et où on parle le français comme langue officielle et/ou langue d'enseignement.

   _____
   _____
   _____

2. Quels sont les pays du Maghreb?

   _____

3. Qu'est-ce que c'est les DOM-TOM?

   _____
   _____
   _____

4. Où est-ce que le français est langue maternelle dans certaines régions ou pour une partie de la population?

   _____

5. Où est-ce que le français a gardé une valeur culturelle? (2 pays)

   _____

Station 4

La francophonie II (1)

Name: _____

Exercice 1 Piste 1

Ecoute le texte sur la francophonie et coche la bonne réponse.

1. On fête la Journée de la Francophonie le
- ☐ 20 mars
- ☐ 14 juillet
- ☐ 21 mars

2. Le français est parlé
- ☐ en France et en Afrique
- ☐ un peu partout dans le monde
- ☐ en France

3. Un francophone est
- ☐ une personne qui aime le français
- ☐ une personne qui lit le français
- ☐ une personne qui parle le français

4. Le français peut être
- ☐ la langue maternelle ou d'enseignement
- ☐ la langue maternelle, officielle et administrative
- ☐ la langue maternelle, officielle et administrative ou d'enseignement

5. La langue maternelle est
- ☐ La langue apprise dans l'enfance
- ☐ La langue parlée par la mère
- ☐ La langue parlée par les parents

6. La francophonie est formée par →
- ☐ environ 40 pays
- ☐ environ 120 pays
- ☐ environ 50 pays

Station 4

La francophonie II (2)

Name:

Exercice 2 Piste 1

Ecoute le texte sur la francophonie et réponds aux questions.

1. Le français est parlé par combien de personnes?

   _____

   _____

2. Le français est la langue maternelle en quels pays?

   _____

   _____

3. En quels pays est-ce qu'on apprend le français comme première langue à l'école?

   _____

   _____

4. Décris les objectifs des pays francophones.

   _____

   _____

   _____

Station 5

La France en fête

Name:

Exercice

Connais-tu les jours fériés français? Coche la bonne réponse.

1. Le 31. décembre en France, c'est …
   - ☐ le réveillon
   - ☐ l'Epiphanie
   - ☐ Noël

2. On y cache une fève dans une galette et celui qui la trouve devient le roi.
   - ☐ la Chandeleur
   - ☐ Pâques
   - ☐ l'Epiphanie

3. C'est la fête des amoureux.
   - ☐ la Toussaint
   - ☐ la fête nationale
   - ☐ la Saint Valentin

4. 40 jours avant Pâques
   - ☐ le mardi gras
   - ☐ Noël
   - ☐ l'Ascension

5. Le jour des plaisanteries
   - ☐ le premier avril
   - ☐ la Pentecôte
   - ☐ la fête du travail

6. Le dimanche avant Pâques
   - ☐ l'Assomption
   - ☐ le premier avril
   - ☐ les Rameaux

7. Les enfants y cherchent des œufs en chocolat.
   - ☐ la fête nationale
   - ☐ Pâques
   - ☐ le réveillon

8. Le premier mai, c'est …
   - ☐ la Saint Valentin
   - ☐ la Chandeleur
   - ☐ la fête du travail

9. Des fleurs sont posées sur la tombe du Soldat Inconnu, au pied de l'Arc de Triomphe à Paris. La date c'est le …
   - ☐ le premier avril
   - ☐ le 8 mai
   - ☐ le 10 mai

10. En Allemagne c'est *Christi Himmelfahrt*.
    - ☐ l'Assomption
    - ☐ l'Epiphanie
    - ☐ l'Ascension

11. 50 jours après Pâques
    - ☐ la fête nationale
    - ☐ la Pentecôte
    - ☐ le réveillon

12. Le 14 juillet, c'est …
    - ☐ la fête nationale
    - ☐ la fête du travail
    - ☐ les Rameaux

13. C'est la fête de tous les saints.
    - ☐ la Toussaint
    - ☐ Pâques
    - ☐ le réveillon

14. C'est le jour de la naissance de Jésus.
    - ☐ le mardi gras
    - ☐ Noël
    - ☐ la fête nationale

Station 6

Paris et ses monuments (1)

Name:

Exercice Piste 2

Ecoute les petits textes et remplis les lacunes avec les informations sur les monuments de Paris.

1. Le _____ le plus connu de Paris, c'est _____.

   Elle a été construite en _____ pour l'exposition universelle et mesure

   _____ m.

2. _____, c'est l'avenue la plus _____ de

   France. Elle est très luxueuse.

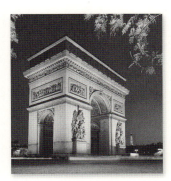

3. On a construit _____ à la gloire de Napoléon. On y trouve

   _____ du soldat inconnu.

Station 6

Paris et ses monuments (2)

Name:

4. La _____ est la plus grande place de Paris.

   On y voit un obélisque _____.

5. _____ est une église très connue de Paris.

   Elle est située sur _____.

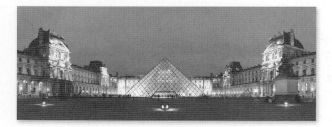

6. Un des musées le plus connu et le plus beau du monde s'appelle _____.

   On y trouve la _____ ou le portrait de Mona Lisa.

7. Le _____ est une église _____ avec un dôme qui se trouve à Montmartre.

Station 7

Je connais la capitale

Name: _____

Exercice

Découpez les parties avant de commencer et mélangez-les.
Cherchez les parties qui vont ensemble. Trouvez ainsi le monument ou la curiosité de Paris, la capitale de France.

a) C'est la tour la plus connue du monde. Construit en 1889, ce monument mesure 320 m de haut.	le Forum des Halles
b) C'était une prison.	Notre-Dame
c) C'est l'avenue la plus célèbre de Paris.	la Place Pigalle
d) C'est un des plus beaux jardins de Paris, à côté du Louvre.	le Jardin des Tuileries
e) C'est un grand centre commercial souterrain.	la Tour Eiffel
f) C'est la place la plus grande et la plus connue de Paris, avec un obélisque au milieu.	la Place du Trocadéro
g) C'est une place très animée avec beaucoup de fontaines près de la tour Eiffel.	la Place de la Concorde
h) C'est l'église gothique la plus connue de Paris, elle se trouve sur l'île de la Cité.	la Conciergerie
i) C'est le quartier le plus moderne de Paris.	le Quartier Latin
j) C'est un des plus beaux musées du monde. Il est très connu.	le Musée d'Orsay
k) C'était la plus grande gare de Paris. Maintenant c'est le grand musée de l'impressionnisme.	le Louvre
l) C'est un monument construit à la gloire de Napoléon. On y trouve la tombe du soldat inconnu.	le Sacré-Cœur
m) C'est une église blanche avec un dôme, située à Montmartre.	l'Arc de Triomphe
n) C'est un quartier d'étudiants très animé avec beaucoup de restaurants et de librairies.	la Défense
o) La nuit, c'est la place la plus animée de Paris avec beaucoup de cabarets et de sex-shops.	l'avenue des Champs-Élysées

Station 8

Tabou®

Name:

Exercice

Formez deux groupes. Amusez-vous à faire deviner des mots concernant la France.
Attention: Vous ne devez pas utiliser les mots qui sont sur votre carte.

Le bateau mouche	**La Tour Eiffel**	**Le métro**	**Le Musée d'Orsay**
le fleuve	Gustave	le train	la gare
la Seine	monument	le billet	le tableau
l'eau	l'expostion universelle	la station	l'exposition

La baguette	**Le clochard**	**La Bastille**	**Amélie**
la boulangerie	le pont	la Révolution	le film
manger	dormir	1789	la femme
le pain	le vin	l'opéra	le fabuleux destin

Le vin	**Versailles**	**L'arrondissement**	**Le fromage**
rouge	le château	le quartier	le lait
blanc	Louis XIV	20	manger
la bouteille	le parc	Paris	le pain

Le TGV	**La Place de la Concorde**	**L'Arc de Triomphe**	**Hollande**
le train à grande vitesse	l'obélisque	les Champs-Élysées	le président
ICE	place	le soldat inconnu	l'homme
voyager	les Champs-Élysées	Paris	la politique

Eurodisney	**Le Tour de France**	**Le croissant**	**Les Champs-Élysées**
Mickey	le vélo	le petit-déjeuner	la rue
le parc d'attractions	le sport	le café	l'avenue
la BD	le maillot jaune	la boulangerie	l'Arc de Triomphe

Station 9

On est à Paris

Name: _____

Exercice

Jouez avec les verbes au passé composé et faites des phrases.

voir la Tour Eiffel **7**	dire **8**	savoir raconter **9**	Retourne à la case 3! **10**	finir un repas **11**	venir de la Défense **12**
lire Quartier Latin **6**					aller au Louvre **13**
pouvoir faire part **5**					écrire une carte postale **14**
Avance à la case 8! **4**					faire les devoirs **15**
vouloir partir **3**					réfléchir **16**
prendre le métro **2**					sortir du Louvre **17**
partir avec le corres **1**					attendre son corres **18**
Départ	Arrivée !!!	être heureux **22**	devoir étudier **21**	avoir allemand **20**	Retourne à la case de départ! **19**

Spielregel:

2 Spieler
2 Spielfiguren
1 Würfel

Stellt eure Figuren auf das Spielfeld *Dèpart*. Spielt zu zweit. Würfelt abwechselnd und geht jeweils die entsprechenden Felder vorwärts. Bildet auf eurem Feld einen Satz im *passé composé* mit den vorgegebenen Verben, Vokabeln und dem Personalpronomen, das der gewürfelten Zahl entspricht (siehe unten). Nehmt eine Verbtabelle, um die Richtigkeit der konjugierten Verben zu überprüfen. Ist das *passé composé* falsch, so geht ihr drei Felder zurück.

Sieger ist, wer als erster am Ziel (*Arrivée*) ist.

Zahl: Personalpronomen
1: je
2: tu
3: il/elle/on
4: nous
5: vous
6: ils/elles

Bonne Chance!

Station 1

Au salon de discussion sur internet (1)

Name:

Exercice 1

Lis le texte et cherche les mots inconnus dans le dictionnaire.

Lo15: Salut.

Marie: Salut. Tu t'appelles comment?

Lo15: Je m'appelle Louise et je vais au collège Henri IV à Paris. Et toi?

Marie: Je suis Marie, je suis en sixième A. Comme toi, au collège Henri IV. Mais je suis une correspondante. Je suis allemande.

Lo15: C'est drôle ça. Je suis en sixième B :-D

Marie: Oui, c'est drôle. ☺

Lo15: Ah, tu es une corres! Tu as remarqué des différences entre l'école en Allemagne et l'école ici, en France.

Marie: Ouiiiiiiii, beaucoup de différences!

Lo15: Chez nous on a 30 heures de cours par semaine. Les cours commencent à huit heures et ils finissent à cinq heures. Une heure de cours dure 55 minutes. Et chez vous?

Marie: Normalement, nous finissons à une heure et une heure de cours dure seulement 45 minutes. Combien de matières avez-vous?

Lo15: Nous avons 9 matières: les maths, le français, l'allemand, l'histoire-géo, la musique, l'art plastique, les S.V.T., la technologie et le sport. J'aime l'histoire-géo et la musique. Je déteste la technologie. Je suis bonne en musique (18/20) et en histoire-géo (16/20), mais je suis nulle en technologie (4/20) et en français (6/20). J'aime le samedi parce qu'on n'a pas d'école. Ils sont différents chez vous, les notes?

Marie: Nos notes vont de 1 à 6. 1 c'est très bien ☺ **et 6 c'est trèèès mauvais** ☹**. En général, j'aime beaucoup aller à l'école.**

Lo15: Oui, moi aussi. Et j'espère passer mon bac pour aller à l'université.

Marie: Le bac? Ahhh, c'est notre Abi. Oui, moi aussi. Je voudrais devenir prof de français.

Lo15: Prof? Moi, je voudrais être … je ne sais pas encore … mais je voudrais faire quelque chose avec des langues étrangers. OK, ich muss jetzt leider gehen. ;-)

Marie: Tu parles l'allemand? :-D À bientôt.

Lo15: Bis bald!

Marie: Un moment, Lo15! On pourrait se voir pendant les vacances?

Lo15: OK.

Marie: Combien de vacances avez-vous en été en France?

Lo15: Huit semaines. Vous en avez six, n'est-ce pas?

Marie: Oui, six semaines.

Lo15: Est-ce que vous avez un examen comme le brevet?

Marie: Le brevet?

Station 1: Au salon de discussion sur internet (2)

Lo15: Oui, c'est un examen qu'on passe à la fin du collège. En Allemagne, ça n'existe pas?

Marie: Non. Et après le collège, est-ce que c'est obligatoire d'aller au lycée?

Lo15: Non, on peut aussi faire un apprentissage. Et chez vous?

Marie: Chez nous aussi, c'est comme notre « Ausbildung ». Alors, en France ou en Allemagne, c'est la même chose.

Lo15: Ja, die ganze Welt … n'est qu'un pays. :-D

Marie: Oui, le monde entier … ist ein einziges Dorf. :-D

Exercice 2

Trouve les réponses à ces questions et réponds à la place de Louise.

1. Tu es en quelle classe?	
2. A quelle école vas-tu?	
3. Tu aimes aller à l'école?	
4. Combien d'heures de cours par semaine?	
5. Combien de matières as-tu?	
6. Quelle est ta matière préférée?	
7. Quelle matière est-ce que tu détestes?	
8. A quelle heure est-ce que les cours commencent?	
9. A quelle heure est-ce que les cours finissent?	
10. Combien de minutes durent les cours?	
11. Tu es bonne en histoire-géo?	
12. Tu as cours le samedi?	

Station 2

C'est comme ça l'école en France

Name:

On est à une école française. Monsieur Merlot explique le système scolaire français pour les correspondants allemands.

Exercice Piste 3

Ecoute le texte sur l'école en France et remplis les lacunes.

L'école en France

Les enfants en France commencent l'école, comme chez vous en Allemagne, _____ de trois ans. Quelques enfants commencent déjà à deux ans. Comme vous, un Français va d'abord à l'école _____. C'est le « Kindergarten » en Allemagne. L'école maternelle n'est pas _____. Si on y va, on a _____, où on apprend des choses _____, mais très utiles _____.

Après l'école maternelle il y a _____ écoles en France. Ce n'est pas exactement comme en Allemagne. Les élèves français vont à l'école _____ ans. La _____ s'appelle école primaire. A l'école primaire il y a _____ classes: le cours _____, deux cours élémentaires et deux _____. Les élèves vont de six à dix ans à l'école primaire. C'est votre « Grundschule ». C'est une _____.

Après l'école primaire il y a le collège. _____ vont au collège à l'âge d'onze ans et c'est obligatoire _____ comme à l'école primaire.

Le collège se compose de _____. On compte _____: sixième, _____, quatrième, _____. Là, à l'âge de 14 ans, on passe le _____, qu'on peut comparer à la « Mittlere Reife ».

La troisième école s'appelle _____. Il y a trois classes: la seconde, la première et la _____. A la fin du lycée on passe le baccalauréat _____, si on veut, bien sûr.

Station 3

Le système scolaire français (1)

Name:

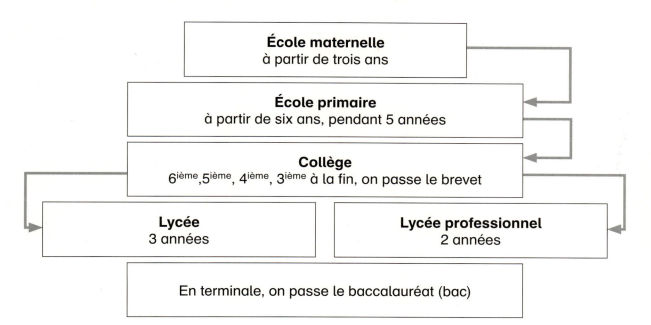

Exercice 1

Lis encore une fois la conversation entre Marie et Lo15 et le texte sur l'école. Compare les informations entre le système éducatif français et le système éducatif allemand. Fais une liste.

France	Allemagne

Station 3 — **Le système scolaire français (2)**

Name:

Exercice 2

Réponds aux questions en formulant des phrases complètes.

1. Quelles sont les différences entre l'école en France et l'école en Allemagne?

2. Quelles sont les choses en commun?

3. Après l'échange franco-allemand tu écris un article pour le journal de ton école en Allemagne. Utilise les informations données pour écrire ce texte sur l'école en France.

Aujourd'hui je vais vous parler de …

Station 4

Les sentiments (1)

Name:

Exercice 1 Piste 4

Ecoute le texte et remplis les lacunes avec les adjectifs corrects.

Dans la classe de mon correspondant

Hier, à l'école on a regardé un film. C'était un film d'horreur et Nicolas était _____ par certaines scènes de ce film.

Pendant le cours d'allemand, un nouvel élève qui s'appelle Matthieu est entré dans la classe et il était très _____.

Il a écrit une histoire pleine de fautes et la prof était _____. Pauvre Matthieu!

Pendant la récréation, moi et mon correspondant, nous sommes allés voir Christine et Sophie. Loïc est _____, c'est pour ça qu'il n'a pas osé demander aux filles de venir à sa boum. Heureusement, il est resté _____ et moi, avec mon français de débutant, je leur ai demandé de venir.

Quand, vers cinq heures de l'après-midi, on est retourné à la maison de Loïc, son père lui a annoncé que nous irions à Paris, nous étions très _____ et _____ pendant toute la journée.

Normalement, je suis un garçon _____ et je ne parle à personne mais chez mon correspondant la vie est plus _____ et moi, je suis _____ et _____.

Exercice 2

Cherche les adjectifs dans ton dictionnaire pour les contrôler.

Exercice 3

Réponds aux questions.

1. Pourquoi est-ce que Nicolas est choqué?

_____

Le système scolaire en France

Station 4

Les sentiments (2)

2. Qu'est-ce qui se passe avec le nouvel élève?

3. Qu'est-ce que les élèves font pendant la récré?

4. Qu'est-ce qui se passe quand ils arrivent à la maison?

5. Pourquoi est-ce que le correspondant allemand est content?

Exercice 4

Cherche les mots inconnus dans le dictionnaire et écris deux phrases pour chaque adjectif. Qu'est-ce que tu fais quand tu es …

… timide:

… nerveux / nerveuse:

… fier / fière:

… déçu(e):

… ravi(e):

… choqué(e):

Station 5

Grilles des mots

Name:

Exercice

Connais-tu le vocabulaire scolaire? Trouve la traduction et remplis la grille des mots.

1. Schule
2. Hausaufgaben
3. Deutsch
4. Fächer
5. Freund
6. Stundenplan
7. Heft
8. Direktor
9. Klassenlehrer
10. Geschichte
11. Wörterbuch
12. Gymnasium
13. Klassenarbeit
14. Mathematik
15. Naturwissenschaften
16. Englisch
17. Lieblingsfach
18. Klassenzimmer
19. Regel
20. Schuljahr

Le systéme scolaire en France

Station 6

Mon école de rêve

Name:

Tu es dans un groupe de projets de l'école qui s'appelle « une école de rêve ».
Ecris un texte sur ton école de rêve et présente-le ensuite.

Exercice 1

Pour commencer, tu peux répondre aux questions suivantes.

> A quelle heure est-ce que l'école commence?
> Combien d'heures de cours avez-vous par jour?
> Les cours vont de quelle heure à quelle heure?
> Avez-vous classe tous les jours?
> Avez-vous une cantine?
> Qu'est-ce qu'on peut manger?
> Quand est-ce que vous avez des vacances?
> Combien de vacances avez-vous?
> Combien d'élèves y a-t-il dans votre école?
> Qu'est-ce qu'on peut faire dans la cour de l'école?
> Quels clubs y a-t-il?
> Y a-t-il des devoirs?

Exercice 2

Choisis maintenant une forme de présentation. Tu peux par exemple dessiner ton école de rêve ou prendre des images des journaux.

Exercice 3

Présente ton école de rêve en classe.

Station 7

Partout des adjectifs!

Name:

Exercice

Remplis le tableau avec les formes correctes des adjectifs.

masculin singulier	féminin singulier	masculin pluriel	féminin pluriel	traduction allemande
gai				
gentil				
heureux				
blanc				
noir				
super				
méchant				
moyen				
bon				
prochain				
dernier				
marron				
fou				
sympathique				
actif				
original				
beau				
nouveau				
vieux				

Le système scolaire en France

Station 1

Un portrait

Name:

Exercice 1 🎵 Piste 5

Ecoute le texte « Un portrait de Sophie », remplis les lacunes et réponds aux questions.

Un portrait de Sophie

C'est une fille **qui** habite à Paris et _____ a quatorze ans. Elle a un frère _____ a dix ans _____ s'appelle Marc et une amie _____ habite en Allemagne. Elle aime beaucoup le livre _____ sa mère leur a donné. Son père a trouvé une nouvelle voiture _____ s'appelle Renault Mégane et _____ a couté 15.000 €. Faire du jogging est un hobby _____ elle exerce souvent. Parfois elle n'aime pas les repas _____ sa mère prépare.

1. Où est-ce que Sophie habite?

_____

2. Qu'est-ce que tu sais de son frère?

_____

3. Quel est son hobby?

_____

Exercice 2

Fais des phrases.

Exemple: C'est une fille/un garçon. Il a 15 ans.
⇨ C'est une fille qui a 15 ans.

1. C'est un garçon/une fille. Il/Elle habite à Toulouse.

_____

2. Il/Elle a un frère/une sœur. Son frère/Sa sœur s'appelle Laila/Denis.

_____

3. Zebda est un groupe. Il/Elle l'aime bien.

_____

4. … est un sport. Il/Elle le pratique.

_____

Des portraits

Station 2

Voilà, mon copain/ ma copine!

Name:

Exercice 1

Décris le physique d'un de tes copains/d'une de tes copines.

_____

_____

_____

Exercice 2

Pose-lui des questions et remplis le portrait.

nom:	_____	prénom:	_____
âge:	_____	nationalité:	_____
adresse:	_____		

sa famille: mère: père:

	prénom	
_____	âge	_____
_____	profession	_____

frère(s) et sœur(s):

_____	prénom	_____
_____	âge	_____
_____	activités	_____

activités:

- va à l'école ○   classe: _____
- fait du sport ○   lequel: _____
- fait ses études ○   lesquelles: _____

hobbies: _____

caractère:

qualités: _____

défauts: _____

musique préférée: _____

Exercice 3

Présente ton copain/ta copine à un petit groupe de camarades.

Des portraits

Station 3

Faire des portraits

Name:

Exercice 1

Fais le portrait d'un personnage célèbre.

Le portrait de _____ :

C'est un garçon/une fille/un homme/une femme _____ aime _____
_____.

Il/Elle n'aime pas _____.

Il/Elle a _____.

_____

_____

Exercice 2

Qu'est-ce que c'est? Fais des petits portraits.

32

Station 4

Le discours direct et indirect

Exercice

Complétez la règle.

Regel: Bei Einleitung der Rede in der Gegenwart bleibt die Zeitform _____.

Bei Einleitung der Rede in der Vergangenheit verändert sich die Zeitform wie folgt:

Direkte Rede		Indirekte Rede
présent (prés.)	⇨	_____
passé composé (p.c.)	⇨	_____
futur simple (F1)	⇨	_____

Zeit	Einleitender Satz/ dir. Rede	Hauptsatz	Zeit
prés.	Puis, il demande:	« Pourquoi est-ce qu'il part? »	prés.
		« Pourquoi est-ce qu'il est parti? »	p.c.
		« Pourquoi est-ce qu'il partira? »	F1

Zeit	Einleitender Satz/ ind. Rede	Nebensatz	Zeit
prés.	Puis, il demande	pourquoi	prés.
		pourquoi	p.c.
		pourquoi	F1

Zeit	Einleitender Satz/ dir. Rede	Hauptsatz	Zeit
p.c.	Puis, il a demandé:	« Pourquoi est-ce qu'il part? »	prés.
		« Pourquoi est-ce qu'il est parti? »	p.c.
		« Pourquoi est-ce qu'il partira? »	F1

Zeit	Einleitender Satz/ ind. Rede	Nebensatz	Zeit
p.c.	Puis, il a demandé	pourquoi	imp.
		pourquoi	pl.-parf.
		pourquoi	C

Des portraits

Station 5

On cherche un cahier

Name: _____

Exercice

Mets le dialogue au discours indirect.

Joëlle : « Salut Louis! Est-ce que tu cherches quelque chose? »
Joëlle demande à Louis s'il cherche quelque chose.

Louis : « Oui, je cherche mon cahier. Est-ce que tu l'as vu quelque part? Mes devoirs de maths y sont et j'en ai besoin pour la prochaine leçon. »

_____

_____

Joëlle : « Ce n'est pas bien. C'est grave. Je vais t'aider. »

_____

Louis : « Merci beaucoup. Est-ce que tu peux chercher dans la salle de classe de chimie? Je vais chercher dans mon sac à dos. »

_____

_____

Joëlle : « D'accord. Est-ce que tu veux que je regarde aussi dans la salle des profs? »

_____

Louis : « Non, mon cahier de maths ne peut pas être dans la salle des profs. Ce n'est pas possible. »

_____

_____

Joëlle : « Alors, dans mon sac à dos … ah, non. C'est ton cahier, ce n'est pas le mien. Mon dieu, il est où mon cahier de maths? »

_____

_____

Louis : « Hahaaahaaa. Merci d'avoir trouvé mon cahier. Il est où, ton cahier? On va le chercher maintenant. »

_____

Station 6

Discussion à trois

Name: _____

Exercice

Mettez-vous à trois, découpez les trois cartes. Vous êtes en classe en France et vous parlez avec deux Français. Puisqu'il y a beaucoup de bruit il faut répéter ce que l'un/e des trois a dit ... Utilisez le discours indirect avec « Il/elle dit que ... ». A commence.

Partenaire A	Partenaire B	Partenaire C
1. Je trouve que l'organisation à l'école en Allemagne est très bien.	2. Hein?	3. Il/Elle dit que ...
Solution: Il/Elle dit qu'il/elle trouve que l'organisation à l'école en Allemagne est très bien.		
3. Il/Elle dit que ...	1. Il faut faire quelque chose contre la violence dans les grandes villes, aussi.	2. Hein?
	Solution: Il/Elle dit qu'il faut faire quelque chose contre la violence dans les grandes villes, aussi.	4. Je suis d'accord avec toi.
3. Il/Elle dit que ...	2. Qu'est-ce qu'il/elle dit?	1. Il n'est pas très facile de faire toujours tous les devoirs.
		Solution: Il/Elle dit qu'il n'est pas très facile de faire toujours tous les devoirs.
1. On peut discuter ça en classe, avec notre prof principale.	3. Il/Elle dit que ...	2. Oh, pardon, je n'ai pas écouté ... Qu'est-ce qu'il/elle dit?
Solution: Il/Elle dit qu'ils peuvent/qu'on peut discuter ça en classe avec leur/notre prof principale.		4. C'est une très bonne idée!
2. Quoi?	1. Alors, il faut avoir des idées!	3. Il/Elle dit que ...
4. Je suis de ton avis!	Solution: Il/Elle dit qu'il faut avoir des idées!	
2. Hein?	3. Il/Elle dit que ...	1. Il faut faire un rallye en vélo.
	4. Mais non, c'est trop ennuyeux!	Solution: Il/Elle dit qu'il faut faire un rallye en vélo.
3. Il/Elle dit que ...	1. Nous pouvons faire un reportage sur le système scolaire en France.	2. Hein?
5. D'accord, c'est une bonne idée.	Solution: Il/Elle dit qu'il faut faire un reportage sur le système scolaire en France.	4. Oui! Et on peut écrire un article pour le journal scolaire!

Des portraits

Station 1

Pourquoi l'imparfait?

Exercice 1

Soulignez les phrases qui correspondent à une des conditions pour l'imparfait:

a) Description dans le passé ⇨ rouge
b) Habitude dans le passé ⇨ bleu
c) Actions simultanées dans le passé ⇨ vert

1. C'était un soir de fête. Il y avait des lumières partout.
2. Tous les soirs, avant le repas, je buvais un verre de lait.
3. Il allait à la plage et, en même temps, il réfléchissait.
4. Elle était très belle. Elle portait des belles robes.
5. Tu répondais toujours non à mes questions.
6. A mon arrivée, il finissait ses devoirs.
7. Il avait l'air triste. Il ne disait rien.
8. Nous passions toujours les vacances en Italie.
9. A mon anniversaire, il pleuvait toute la journée.
10. Le bébé dormait et j'avais le temps de téléphoner.

Exercice 2

C'est à vous! Faites des phrases vous-même pour votre voisin et il détermine la condition pour l'imparfait. Ensuite vous changez.

Station 2

Imparfait ou passé composé?

Name:

Exercice

Complète le texte avec la bonne forme du passé composé ou de l'imparfait. Pour t'assurer tu peux relire la règle sur la feuille « La différence entre passé composé et imparfait ».

Comme d'habitude, Jacqueline _____ (se lever) à huit heures. Elle _____ (faire) sa toilette pendant que dans la cuisine ses parents _____ (prendre) le petit déjeuner avec son frère. Elle _____ (lire) le journal quand tout à coup le téléphone _____ (sonner). Son ami Vincent l' _____ (inviter) à prendre un verre avec des amis. Alors elle _____ (sortir) vers dix heures et elle _____ (rencontrer) ses copains et ses copines dans un café. Le café _____ (être) petit et il y _____ (avoir) beaucoup de monde. Jacqueline _____ (boire) une limonade, mais elle _____ (ne pas la payer). Vincent lui _____ (offrir) la boisson. A midi, elle _____ (rentrer) à la maison et toute la famille _____ (se mettre) à table. Vers deux heures, Jacqueline _____ (monter) dans sa chambre. Elle _____ (se coucher) parce qu'elle _____ (vouloir) se reposer. Vers quatre heures, son petit frère _____ (venir) dans sa chambre. Comme il _____ (faire) du bruit, Jacqueline l' _____ (entendre). Elle _____ (descendre) à la salle de séjour pour regarder un film drôle à la télé. A six heures, Jacqueline et sa mère _____ (partir) de la maison. Elles _____ (s'arrêter) chez un voisin. Ensuite elles _____ (aller) à l'arrêt du bus. A huit heures et demie, Jacqueline _____ (rentrer).

Hier et demain

Station 2

La différence entre passé composé et imparfait

Name:

Passé composé	Imparfait
„Signalwörter": tout à coup — tout à l'heure au moment où — un jour en ... (1990) — alors juste maintenant — ensuite il y a une semaine — enfin Ce soir-/jour-là — puis Cet été/cette nuit — mais Der Sprecher **berichtet** • einmalige Handlungen • Handlungsketten (aufeinanderfolgende Handlungen) • Ereignisse (stehen im Vordergrund) • zeitlich begrenzte/abgeschlossene Handlungen • aufeinander folgende Handlungen (Handlungsketten) **Man kann fragen:** • Was geschah/passierte einmal? • Was geschah plötzlich/unerwartet? • Was geschah/passierte dann? • Und dann? ... Und dann? ...	„Signalwörter": souvent — toujours tout le temps — plusieurs fois tous les jours — chaque jour quelquefois/parfois — chaque fois pendant (que) Der Sprecher **beschreibt** • Zustände (Wetter, Gefühle, Zeit) • Begleitumstände • Situationen • Hintergrundinformationen • Beschreibungen, Erklärungen, Kommentare • zeitlich unbegrenzte Handlungen • gleichzeitig verlaufende Vorgänge • sich wiederholende, gewohnheitsmäßige Handlungen • parallel verlaufende Handlungen **Man kann fragen:** • Was geschah oft/regelmäßig? • Was war (schon/noch)? • Was war gerade? • Wie war es?

Hier et demain

Station 3
Puissance quatre

Name:

	passé composé	imparfait	passé composé	imparfait	passé composé
ils	descendre	jeter	maigrir	découvrir	trouver
elle	manger	aller	être	s'appeler	peindre
vous	courir	prendre	connaître	voir	grimper
tu	lire	se dépêcher	avoir	faire	perdre
il	se réveiller	mettre	voir	trouver	parler
nous	découvrir	peindre	s'appeler	être	mettre
je	jouer	avoir	faire	courir	se dépêcher
elles	prendre	manger	jeter	lire	aller

Hier et demain

Comment jouer:
1. Vous jouez à deux. Chacun/-e prend un stylo d'une couleur différente.
2. La personne qui commence choisit une case. Elle conjugue le verbe de cette case à la personne et au temps indiqués et écrit sa solution dans la case. Ensuite l'autre personne continue et répète cette procédure.
3. Le but est d'occuper quatre cases de suite (à la verticale, à l'horizontale ou à la diagonale) – puissance quatre!
4. A la fin, contrôlez et corrigez vos solutions écrites. Bonne chance!

39

Station 4

Avec une montgolfière sur la Côte d'Azur (1)

(Il est favorable d'avoir accompli la station 2 avant de travailler à cette station.)

Sébastien et Marco sont dans une montgolfière. Ils partent de Ventimiglia, en Italie, et traversent toute la Côte d'Azur. Quand ils arrivent à Toulon, ils ont beaucoup à raconter.

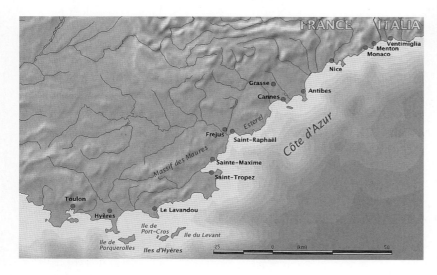

Exercice 1

Faites une recherche sur internet et notez ici les curiosités les plus importants de la Côte d'Azur.

Station 4

Avec une montgolfière sur la Côte d'Azur (2)

Name:

Sébastien écrit une lettre à son amie Laura, dans laquelle il lui raconte ce qu'il a vu et comment il se sentait dans la montgolfière.

Exercice 2

Ecrivez cette lettre pour lui.
Vous pouvez utiliser les mots suivants.

le tourisme   la plage   les villes   les monuments   le/la touriste   le décollage
le voyage   le départ   arriver   le passager/la passagère   rater qc
á bord   la mer   le soleil   atterrir/décoller

Ma chère Laura,

hier, j'ai passé une journée formidable. Mon ami Marco et moi, nous _____

Hier et demain

Station 5

Le concert

Name: _____

(Il est favorable d'avoir accompli la station 2 avant de travailler à cette station.)

Exercice

Mets les verbes entre parenthèses au passé composé, à l'imparfait ou au plus-que-parfait.

Charlotte écrit une lettre à tante Véronique qui habite au Canada:

Paris, 27 janvier 2015

Chère tante Véronique,

hier soir, je _____ (sortir) avec ma copine Claire. D'abord, nous _____ (manger) une pizza dans un restaurant italien.

Ce _____ (être) un restaurant très chic. Une copine m'en _____ (parler) la semaine dernière. Elle y _____ (aller) avec ses parents pour son anniversaire en décembre.

Après, nous _____ (aller) à un concert de Zaz. Les billets que je _____ (acheter) l'année dernière _____ (être) très chers. Il y _____ (avoir) beaucoup de gens dans la salle et il y _____ (faire très chaud), mais le concert _____ (être) vraiment génial. Après le concert, dans le métro, nous _____ (commencer) à chanter toutes les chansons encore une fois. Ce _____ (être) très drôle. Une femme que nous _____ (ne pas connaître) _____ (dire): « Mais vous êtes folles! » et nous _____ (rire).

Je t'embrasse
Charlotte

Hier et demain

Station 6

Le futur simple

Name:

Exercice 1

Trouve le bon chemin à travers les formes du futur simple et marque-les.

regardé	aller	ira	viens	écoutez
attend	attendrai	lit	restons	partez
regarderez	dansez	aller	vont	fait
écrirons	manges	choisi	tapé	montré
écoutons	liras	donné	travaille	vu
couper	montre	finirai	lavons	dort
va	été	est	seras	faisons
eu	venu	chantes	achèterez	part
rions	viens	boiront	sortir	tombé
dessiné	calcule	sortirai	marchent	sont
dois	danserez	font	es	boivent
habitons	finis	arriveront	partirai	construit
vais	faites	traduis	irais	arriverez
allé	suis	rasent	parleras	parlé
pleures	manges	mangerons	buvons	tombé
meurt	viendrons	met	posé	devez
crie	seront	sait	mentir	dit
écoutera	descendent	sauter	apprenons	couru
joué	partira	ferment	monter	ouvre
pleut	avoir	ferez	allons	posez
lis	tombé	partent	écrirai	prennent
être	savent	cherchons	finirons	habitez

Exercice 2

Fais une phrase de chaque forme du futur simple.

Station 7

Tout sera bien! (1)

Name: _____

Exercice 1

Mets les verbes entre parenthèses au futur simple.

a) Les filles (aller) _____ au parc où elles (rencontrer) _____ leurs copines pour passer un après-midi agréable.

b) Les élèves (écrire) _____ un devoir en classe d'allemand le mercredi.

c) Le chien (manger) _____ toute la viande si tu ne la ranges pas!

d) Maman (vouloir) _____ sûrement que je range ma chambre.

e) Demain, Marie (devoir) _____ travailler jusqu'à huit heures du soir.

f) L'hiver prochain, je (voyager) _____ aux Etats-Unis. Où est-ce que tu (passer) _____ tes vacances?

g) Ma grand-mère (ne pas pouvoir) _____ venir voir ma pièce de théâtre parce qu'elle est malade depuis trois jours.

h) Anne (boire) _____ toute la bouteille en un coup si tu lui demandes de le faire.

i) Pendant les vacances, je (lire) _____ le nouveau livre que tu m'as acheté.

j) Quand ma sœur (avoir) _____ ses 18 ans, mes parents lui (acheter) _____ une voiture toute neuve.

k) Je (t'appeler) _____ tout de suite quand je (être) _____ à l'hôtel.

l) A quelle heure est-ce que tu (venir) _____ à ma fête d'anniversaire?

m) Je (voir) _____ cela quand je (être) _____ de retour.

n) Grand-mère (envoyer) _____ une lettre à grand-père quand il (être) _____ à l'hôpital.

o) Pour son anniversaire, ses amis lui (chanter) _____ une chanson d'anniversaire.

p) Ensuite, il (pouvoir) _____ ouvrir ses cadeaux et il (devoir) _____ remercier tous ses invités.

Station 7

Tout sera bien! (2)

Name:

q) Dans cinq ans, je (vendre) _____ ma voiture et je m'en (acheter) _____ une nouvelle.

r) Qu'est-ce que vous (faire) _____ dans dix ans?

s) Est-ce que vous (être) _____ une personne célèbre ou peut-être marié?

t) Pendant la pause de midi, l'institutrice (copier) _____ toutes les fiches.

u) Nous (partir) _____ ce soir à minuit. Nous (prendre) _____ d'abord la voiture pour aller à l'aéroport, puis nous (aller) _____ en avion à Paris.

v) Nous (ne pas oublier) _____ pas notre carte d'identité parce que nous en (avoir) _____ besoin pour le check-in.

w) Les élèves (finir) _____ bientôt leur exercice.

x) En mai, vous (visiter) _____ la Côte d'Azur.

y) Bientôt, ils (manger) _____ une pizza au restaurant.

z) Pendant les vacances de Pâques, tout le monde (oublier) _____ l'école et ne (penser) _____ qu'aux vacances.

Exercice 2

Choisis cinq verbes et fais des phrases au futur simple.

_____
_____
_____
_____
_____
_____
_____

Station 8

Le futur pour deux

Name:

Exercice

Travaillez en tandem. Mettez les verbes entre parenthèses au temps correct. Attention à la bonne forme du futur simple.

Partenaire A	Partenaire B
Si Sophie ne … (redoubler) pas, ses parents lui … (offrir) un ordinateur.	*Si Sophie ne redouble pas, ses parents lui offriront un ordinateur.*
Si on finit à l'heure, on aura le temps de boire un café.	Si on … (finir) à l'heure, on … (avoir) le temps de boire un café.
S'il ne … (pleuvoir) pas samedi, on … (faire) une belle promenade.	*S'il ne pleut pas samedi, on fera une belle promenade.*
Si on rate le bus, on devra rentrer à pied.	Si on … (rater) le bus, on … (devoir) rentrer à pied.
Si j'y … (penser), je t'… (apporter) les photos de mes vacances.	*Si j'y pense, je t'apporterai les photos de mes vacances.*
Si tu es d'accord, on invitera Jean et Marie.	Si tu … (être) d'accord, on … (inviter) Jean et Marie.
Si tu ne … (venir) pas, nous … (commencer) sans toi.	*Si tu ne viens pas, nous commencerons sans toi.*
Si tu es gentil, je t'achèterai le CD.	Si tu … (être) gentil, je t'… (acheter) le CD.
Je t'… (attendre) devant le parc s'il … (faire) beau.	*Je t'attendrai devant le parc s'il fait beau.*
J'irai en Italie avec Lucie, si nos parents sont d'accord.	J'… (aller) en Italie avec Lucie, si nos parents … (être) d'accord.
Nous … (visiter) la cathédrale demain, si vous … (préférer).	*Nous visiterons la cathédrale demain, si vous préférez.*
Vous gagnerez ce match si vous faites attention.	Vous … (gagner) ce match si vous … (faire) attention.

Station 9

De temps en temps

Name:

Complète le tableau.

infinitif	présent	passé composé	imparfait	futur composé	futur simple	en Allemand
savoir	il	nous	elle	je	je	
	nous	je	tu	ils	elle	haben
	vous	elle	**ils voulaient**	vous	tu	
	je	**tu as été**	elles	nous	ils	
aller	elle	ils	je	tu	je	
	tu	elles	ils	nous	**elles feront**	
	ils	je	vous	**je vais pouvoir**	je	
	elles	nous	nous	il	nous	
prendre	je	tu	tu	nous	tu viendras	
	ils	on	nous	vous	on	
	vous partez	il	je	je	il	**stellen, setzen**
sortir	nous	elle	elle	ils	elle	
	tu	vous	tu	**tu vas voir**	vous	
	on	**ils ont bu**	ils	ils	ils	
	il choisit	tu	elles	elles	tu	
	elle	vous	**je devais**	je	tu	
	vous	vous	**nous dormions**	ils	elles	

Hier et demain

Station 1

 Un jeu de sentiments (1)

Name:

Exercice

Jouez au minimum à deux. Découpez d'abord les phrases/exclamations et les adjectifs et faites deux piles. Piochez maintenant une phrase/exclamation et un adjectif. Lisez cette phrase/exclamation avec l'intonation de la signification de l'adjectif. Les autres essaient de deviner l'adjectif.

Je veux un ordinateur!	vexé, -e
Il est déjà huit heures!	fatigué, -e
Je trouve ça super!	heureux, -se
Je n'aime pas la musique!	énervé, -e
Mon père me donne de l'argent de poche.	heureux, -se
D'accord! Toujours toi!	énervé, -e
Je suis de son avis!	fier, fière
Le concert est super!	cool
C'est une bonne idée!	content, -e

Station 1

 Un jeu de sentiments (2)

Name:

Oh là là! J'ai perdu mon billet!	triste
J'ai fini mon travail!	fier, fière
J'ai fait mes devoirs!	fier, fière
Quelle journée!	fatigué, -e
Au revoir et bon voyage!	triste
Oh là là! C'est cool!	vexé, -e
Cela ne m'intéresse pas!	vexé, -e
Je suis un grand fan de Stromae!	timide
Sophie est en retard!	énervé, -e
J'ai besoin de votre aide!	triste
Je veux faire une photo!	timide

Station 1

 Un jeu de sentiments (3)

Name:

J'aime bien faire du ski!	cool
J'ai mal au ventre!	triste
Ça va très bien!	cool
Tu as de la chance!	heureux, -se
Arrête! C'est assez!	énervé, -e
Bien sûr!	cool
Ah! Il fait beau aujourd'hui!	content, -e
Tu as de la chance!	heureux, -se
Bon appétit!	content, -e
Bonjour, madame!	timide
Bravo! C'est super!	heureux, -se

Station 1

 Un jeu de sentiments (4)

Name:

Ah! C'est la catastrophe!	énervé, -e
Mais non! Je déteste ça!	vexé, -e
Ça m'est égal!	fatigué, -e
Je n'ai pas envie de sortir!	fatigué, -e
C'est le paradis!	heureux, -se
J'ai faim!	énervé, -e
Il est vraiment fantastique!	amoureux, -se
C'est un type extraordinaire!	amoureux, -se
Je m'appelle Claire. Et toi?	timide
Joyeux anniversaire!	heureux, -se
Je suis malade!	triste

Sentiments et arguments

Station 1

 Un jeu de sentiments (5)

J'ai gagné un million d'euros!	heureux, -se
Marie ne dit pas la vérité!	vexé, -é
Ne paniquez pas!	cool
Pierre a quitté sa copine!	énervé, -e
Je suis pressé /-e en ce moment!	énervé, -e
Ce n'est pas vrai!	vexé, -e
Pardon, je suis en retard!	triste
Je pense à toi!	amoureux, -se
Elle a un rendez-vous!	fier, fière
C'est vraiment cool!	cool

Station 2

Les expressions des sentiments

Name:

Exercice 1

Cherche les mots suivants dans le dictionnaire.

la nostalgie   le bonheur   la gratitude   l'étonnement   la déception   la reconnaissance

Exercice 2

Complète les phrases par un mot de l'exercice 1 qui correspond à la signification de la phrase.

1. Nous avons le _____ de vous annoncer la naissance de notre fille Marion.
2. Merci de tout cœur ! Je vous dois une _____ éternelle après tout ce que vous avez fait pour moi!
3. Nous avons appris avec _____ ton retour en France. N'étais-tu pas en poste pour trois ans en Irlande?
4. C'est souvent avec _____ que je me souviens de mes vacances en Lozère. J'aimerais tant m'y trouver encore!
5. Tes grands-parents ont toujours été très accueillants avec toi.

   Tu dois éprouver beaucoup de _____ à leur égard.
6. Nous savons que tu rêves de cet ordinateur, mais nous ne pouvons pas te l'offrir cette année.

   Espérons que ta _____ ne sera pas trop grande.

Exercice 3

Fais des phrases avec les mots de l'exercice 1.

_____
_____
_____
_____
_____
_____
_____

Station 3

Un SMS pour toi (1)

Name:

Exercice 1

Lis les SMS et range-les sous la bonne catégorie.

1. Si l'amour se comptait en grain de sable, je t'aimerai comme le désert.

2. Derrière un sourire se cache beaucoup de tristesse et derrière la tristesse se cache beaucoup de choses …

3. La mer est faite pour nager, le vent pour souffler, et moi je suis fait pour t'aimer.

4. Bonne chance et bon courage! Je suis de tout cœur avec toi! Je suis sûr que tu peux réussir!

5. Les hommes sont comme les bus. Quand on en rate un, on prend le prochain.

6. Pourquoi joues-tu avec mes sentiments? Tes mots d'amour ne sont que du vent. Pourquoi me faire espérer pour après m'ignorer?

7. Un ami c'est quelqu'un qui vous connait bien et qui vous apprécie tel que vous êtes.

8. Quand on ne sait pas où on va … il faut y aller et le plus vite possible!

9. Merci pour vos petits mots, qui sont pour moi de vrais cadeaux.

10. Je te souhaite une bonne réussite et surtout une bonne réponse. Mais il faut y croire. Je suis de tout cœur avec toi!

11. Une vie sans amour serait solitude … une vie sans tendresse serait cruelle … une vie sans confiance serait vide … mais sans ami ce ne serait pas une vie.

12. Je te remercie de tout cœur pour ta carte d'anniversaire!

Station 3

Un SMS pour toi (2)

Name:

SMS d'amour	SMS de tristesse	SMS amusants

SMS de bonne chance	SMS d'amitié	SMS de merci

Exercice 2

Ajoute à chaque catégorie deux autres SMS.

Station 4

A ton avis (1)

Name:

Exercice 1

Découpe les expressions et range-les sous une des catégories. Colle tout sur une feuille.

Exercice 2

Ajoute d'autres expressions que tu connais déjà ou cherche-les sur internet.

A propos de	Selon moi	Il est exclu que
Je pense que	Je suis convaincu(e) que	Il est absolument hors de question
A mon avis	A cet égard	Il est (im)probable que
On pourrait dire que	Je dirais que	En ce qui concerne
Je partage l'opinion	On peut constater / confirmer que	Je trouve bien / mal que
Sans aucun doute	Il est certain que	Il me semble que
Quant à	Il me semble bien que	Je doute fort que

Sentiments et arguments

56

Station 4

A ton avis (2)

Name:

Donner son avis personnel

Exprimer un jugement

Se référer à qc. / qn.

Station 5

Sujets de discussion

Exercice 1 Piste 6

Ecoutez les petits textes et cochez les bonnes réponses.

1. ☐ Nicolas est souvent à la maison.   ☐ Il ne cuisine pas.
   ☐ Il range seulement le salon de temps en temps.   ☐ Il ne repasse pas.

2. ☐ Elodie a besoin d'argent pour des CD.   ☐ Elle veut être à la mode.
   ☐ Sa mère ne lui donne plus d'argent.   ☐ Elle s'achète une tenue chaque semaine.

3. ☐ Victor a 15 ans.   ☐ Il mange des sandwichs et des fruits le midi.
   ☐ Il va très souvent au Mac Donald.   ☐ Il mange ce que sa mère cuisine.

4. ☐ Les enfants de Marc et Carla n'aiment pas aller aux fêtes de famille.   ☐ Ils trouvent cela amusant.
   ☐ Ils préfèrent rester à la maison.   ☐ Ils voient souvent leurs cousins.

5. ☐ Louise a 14 ans.   ☐ Elle veut sortir le vendredi soir.
   ☐ Elle veut aller en boîte avec son frère.   ☐ Elle veut danser jusqu'à minuit.

6. ☐ Philippe travaille beaucoup à l'école   ☐ Il révise souvent.
   ☐ Après l'école il regarde la télé.   ☐ Il joue de la guitare.

7. ☐ Laura veut devenir assistante sociale.   ☐ Ses parents sont d'accord.
   ☐ Ils trouvent important qu'elle étudie.   ☐ Ils veulent qu'elle se marie.

Exercice 2

Choisissez un cas de l'exercice 1 et parlez en avec votre voisin/-e. Donnez des conseils à cette/ces personne/-s pour trouver une solution.

Station 1 Les régions de France

Page 9

[Carte des régions de France avec les noms : Nord-Pas-de-Calais, Haute-Normandie, Picardie, Basse-Normandie, Île-de-France, Champagne-Ardenne, Lorraine, Alsace, Bretagne, Pays de la Loire, Centre, Bourgogne, Franche-Comté, Poitou-Charentes, Limousin, Auvergne, Rhône-Alpes, Aquitaine, Midi-Pyrénées, Languedoc-Roussillon, Provence-Alpes-Côte d'Azur, Corse]

Station 2 La France d'outre-mer

Page 10

Exercice 1

Les DOM-TOM

Exercice 2

- Ce sont des territoires en dehors du continent européen.
- sous souveraineté française
- population : environ 3 000 000 d'habitants
- langue : français
- Depuis la révision constitutionnelle on ne les appelle plus DOM-TOM mais DOM/DROM (départements et régions d'outre-mer) ou COM (collectivité d'outre-mer).
- Les DOM/DROM ont le même statut que les départements et régions de la métropole. Ce sont : la Guadeloupe, la Martinique, la Guyane, la Réunion, Mayotte.
- Les COM ont des statuts divers. Ce sont : Saint-Pierre-et-Miquelon, Saint-Barthélemy, Saint-Martin, Wallis-et-Futuna, la Polynésie française.

Station 3 La francophonie I — Page 11

1. La Mauritanie, le Cameroun, le Mali, la Côte d'Ivoire, le Niger, le Tchad, la République centrafricaine, le Gabon, le Congo, la République démocratique du Congo, le Sénégal, la Guinée, le Togo, le Bénin, Madagascar, Haïti
2. le Maroc, l'Algérie, la Tunisie
3. les départements et territoires d'outre-mer, p.ex.: la Guyane, la Martinique, le Guadeloupe
4. le Québec, la Belgique, le Luxembourg, la Suisse
5. le Laos, le Viêt-nam, le Cambodge, le Liban, les Seychelles, l'île Maurice, la Louisiane

Station 4 La francophonie II — Page 12/13

Exercice 1

1. 20 mars
2. un peu partout dans le monde
3. une personne qui parle le français
4. la langue maternelle, officielle et administrative ou d'enseignement
5. la langue apprise dans l'enfance
6. environ 50 pays

Exercice 2

1. Le français est parlé par 220 millions de personnes.
2. Le français est la langue maternelle en France, au Québec, en Belgique, en Suisse et à Monaco.
3. On apprend le français comme première langue à l'école en Roumanie, au Maroc et en Egypte
4. Les objectifs des pays francophones sont: le développement de la démocratie, le soutien aux droits de l'homme, le dialogue des cultures et le développement économique.

Station 5 La France en fête — Page 14

1. le réveillon
2. l'Epiphanie
3. la Saint Valentin
4. le mardi gras
5. le premier avril
6. les Rameaux
7. Pâques
8. la fête du travail
9. le 8 mai
10. l'Ascension
11. la Pentecôte
12. la fête nationale
13. la Toussaint
14. Noël

Station 6 Paris et ses monuments — Page 15/16

1. monument, la Tour Eiffel, 1889, 320
2. Les Champs-Élysées, célèbre
3. l'Arc de Triomphe, la tombe
4. Place de la Concorde, au milieu
5. Notre-Dame, l'île de la Cité
6. le Louvre, Joconde
7. Sacré-Cœur, blanche

Station 7 Je connais la capitale — Page 17

a)	C'est la tour la plus connue du monde. Construit en 1889, ce monument mesure 320 m de haut.	la Tour Eiffel
b)	C'était une prison.	la Conciergerie
c)	C'est l'avenue la plus célèbre de Paris.	l'avenue des Champs-Élysées
d)	C'est un des plus beaux jardins de Paris, à côté du Louvre.	le Jardin des Tuileries
e)	C'est un grand centre commercial souterrain.	le Forum des Halles
f)	C'est la place la plus grande et la plus connue de Paris, avec un obélisque au milieu.	la Place de la Concorde
g)	C'est une place très animée avec beaucoup de fontaines près de la tour Eiffel.	la Place du Trocadéro
h)	C'est l'église gothique la plus connue de Paris, elle se trouve sur l'île de la Cité.	Notre-Dame
i)	C'est le quartier le plus moderne de Paris.	la Défense
j)	C'est un des plus beaux musées du monde. Il est très connu.	le Louvre
k)	C'était la plus grande gare de Paris. Maintenant c'est le grand musée de l'impressionnisme.	le Musée d'Orsay
l)	C'est un monument construit à la gloire de Napoléon. On y trouve la tombe du soldat inconnu.	l'Arc de Triomphe
m)	C'est une église blanche avec un dôme, située à Montmartre.	le Sacré-Cœur
n)	C'est un quartier d'étudiants très animé avec beaucoup de restaurants et de librairies.	le Quartier Latin
o)	La nuit, c'est la place la plus animée de Paris avec beaucoup de cabarets et de sex-shops.	la Place Pigalle

Station 1 Au salon de discussion sur internet — Page 20/21

Exercice 2

1. Je suis en sixième B.
2. Je vais au collège Henri IV à Paris.
3. Oui, en général, j'aime beaucoup aller à l'école.
4. Nous avons 30 heures de cours par semaine.
5. Nous avons 9 matières.
6. J'aime l'histoire-géo et la musique.
7. Je déteste la technologie.
8. Ils commencent à huit heures.
9. Ils finissent à cinq heures.
10. Ils durent 55 minutes.
11. Oui, je suis bonne en histoire-géo.
12. Non, je n'ai pas cours le samedi.

Station 2 C'est comme ça l'école en France — Page 22

L'école en France

Les enfants en France commencent l'école, comme chez vous en Allemagne, **à l'âge** de trois ans. Quelques enfants commencent déjà à deux ans. Comme vous, un Français va d'abord à l'école **maternelle**. C'est le « Kindergarten » en Allemagne. L'école maternelle n'est pas **obligatoire**. Si on y va, on a **trois années d'école**, où on apprend des choses **élémentaires**, mais très utiles **pour la vie**.

Après l'école maternelle il y a **trois** écoles en France. Ce n'est pas exactement comme en Allemagne. Les élèves français vont à l'école **de six à 17** ans. La **première école** s'appelle école primaire. A l'école primaire il y a **cinq** classes: le cours **préparatoire**, deux cours élémentaires et deux **cours moyens**. Les élèves vont de six à dix ans à l'école primaire. C'est votre « Grundschule ». C'est une **école obligatoire**.

Après l'école primaire il y a le collège. **Tous les Français** vont au collège à l'âge d'onze ans et c'est obligatoire **d'y aller** comme à l'école primaire.

Le collège se compose de **quatre classes**. On compte **à l'envers**: sixième, **cinquième**, quatrième, **troisième**. Là, à l'âge de 14 ans, on passe le **brevet**, qu'on peut comparer à la « Mittlere Reife ».

La troisième école s'appelle **le lycée**. Il y a trois classes: la seconde, la première et la **terminale**. A la fin du lycée on passe le baccalauréat **pour aller à l'université**, si on veut, bien sûr.

Station 3 Le système scolaire français — Page 23/24

Exercice 1

France	Allemagne
École maternelle à partir de 3 ans (parfois 2 ans)	École maternelle à partir de 3 ans
École primaire dure 5 ans	École primaire dure 4 ans
Collège de 6ième à 3ième	Pflichtschule de 5ième à 9ième
Le brevet à la fin du collège	Il n'y a pas un seul examen.
Lycée dure 3 années	Gymnasium dure 8 ou 9 années
Lycée professionel dure 2 années	Fachoberschule dure 2 années
Le bac à la fin du lycée	Abitur à la fin du Gymnasium
Une heure de cours dure 55 minutes.	Une heure de cours dure 45 minutes.
Une journée d'école finit à cinq heures.	Une journée d'école finit à une heure.

Exercice 2

1. En France l'école primaire dure cinq ans, en Allemagne quatre ans. Après en Allemagne il y a différentes écoles, en France tous les enfants vont au collège. En France à la fin du collège on passe le brevet, en Allemagne il y a plusieurs examens selon l'école choisi, par exemple la « Mittlere Reife ». En France une heure de cours dure 55 minutes, en Allemagne 45 minutes. Une journée d'école en France finit à cinq heures, en Allemagne à une heure.

2. Normalement on commence l'école maternelle à l'âge de trois ans. A la fin du lycée on passe le bac qu'on peut comparer à notre Abitur. Le lycée professionel dure 2 années comme la Fchoberschule.

Station 4 Les sentiments — Page 25/26

Exercice 1 + 2

choqué, gêné, frustrée, timide, tranquille, heureux, joyeux, silencieux, facile, heureux, fier

Exercice 3

1. Il est choqué parce que le film lui fait peur.
2. Le nouvel élève entre dans la classe pendant le cours d'allemand. Il écrit une histoire pleine de fautes et la prof est frustrée.
3. Ils demandent aux filles de venir à la boum de Loïc.
4. Le père de Loïc leur dit qu'ils iront à Paris.
5. Il est content parce qu'en Allemagne il est silencieux mais en France, avec son corres il parle beaucoup et la vie est plus facile.

Station 5 Grille des mots — Page 27

1	école
2	devoirs
3	allemand
4	matières
5	ami
6	emploi du temps
7	cahier
8	directeur
9	professeur principal
10	histoire – géo
11	dictionnaire
12	lycée
13	interrogation écrite
14	mathématiques
15	SVT
16	anglais
17	matière préférée
18	salle de classe
19	règle
20	année scolaire

Solutions: Le système scolaire en France

Station 7 Partout des adjectifs! — Page 29

masculin singulier		féminin singulier	masculin pluriel	féminin pluriel	traduction allemande
gai		gaie	gais	gaies	fröhlich, heiter
gentil		gentille	gentils	gentilles	nett, freundlich
heureux		heureuse	heureux	heureuses	glücklich
blanc		blanche	blancs	blanches	weiß
noir		noire	noirs	noires	schwarz
super		super	super	super	toll, super
méchant		méchante	méchants	méchantes	böse
moyen		moyenne	moyens	moyennes	mittelmäßig
bon		bonne	bons	bonnes	gut
prochain		prochaine	prochains	prochaines	nächste
dernier		dernière	derniers	dernières	letzte
marron		marron	marron	marron	braun
fou		folle	fous	folles	verrückt
sympathique		sympathique	sympathiques	sympathiques	sympathisch
actif		active	actifs	actives	aktiv
original		originale	originaux	originales	originell
beau	bel	belle	beaux	belles	schön
nouveau	nouvel	nouvelle	nouveaux	nouvelles	neu
vieux	vieil	vieille	vieux	vieilles	alt

Station 1 Un portrait — Page 30

Exercice 1

Un portrait de Sophie
C'est une fille **qui** habite à Paris et **qui** a quatorze ans. Elle a un frère **qui** a dix ans **qui** s'appelle Marc et une amie **qui** habite en Allemagne. Elle aime beaucoup le livre **que** sa mère leur a donné. Son père a trouvé une nouvelle voiture **qui** s'appelle Renault Mégane et **qui** a couté 15.000 €. Faire du jogging est un hobby **qu'**elle exerce souvent. Parfois elle n'aime pas les repas **que** sa mère prépare.

1. Elle habite à Paris.
2. Son frère s'appelle Marc et il a dix ans.
3. Son hobby est le jogging/faire du jogging.

Exercice 2

1. C'est un garçon/une fille qui habite à Toulouse.
2. Il/Elle a une sœur/un frère qui s'appelle Laila/Denis.
3. Zebda est un groupe qu'il/qu'elle aime bien.
4. Le foot est un sport qu'il/qu'elle pratique.

Station 4 Le discours direct et indirect — Page 33

Regel: Bei Einleitung der Rede in der Gegenwart bleibt die Zeitform *immer gleich*.
Bei Einleitung der Rede in der Vergangenheit verändert sich die Zeitform wie folgt:

Direkte Rede		Indirekte Rede
présent (prés.)	⇨	*imparfait (imp.)*
passé composé (p.c.)	⇨	*plus-que-parfait (pl.-parf.)*
futur simple (F1)	⇨	*conditionnel présent (C)*

Zeit	Einleitender Satz/ dir. Rede	Hauptsatz	Zeit
prés.	Puis, il demande:	« Pourquoi est-ce qu'il part ? »	prés.
		« Pourquoi est-ce qu'il est parti ? »	p.c.
		« Pourquoi est-ce qu'il partira ? »	F1
Zeit	**Einleitender Satz/ ind. Rede**	**Nebensatz**	**Zeit**
prés.	Puis, il demande	*pourquoi il part.*	prés.
		pourquoi il est parti.	p.c.
		pourquoi il partira.	F1

Zeit	Einleitender Satz/ dir. Rede	Hauptsatz	Zeit
p.c.	Puis, il a demandé:	« Pourquoi est-ce qu'il part ? »	prés.
		« Pourquoi est-ce qu'il est parti ? »	p.c.
		« Pourquoi est-ce qu'il partira ? »	F1
Zeit	**Einleitender Satz/ ind. Rede**	**Nebensatz**	**Zeit**
p.c.	Puis, il a demandé	*pourquoi il partait.*	imp.
		pourquoi il était parti.	pl.-parf.
		pourquoi il partirait.	C

Solutions: Des portraits

Station 5 On cherche un cahier

Joëlle demande à Louis s'il cherche quelque chose.
Louis répond qu'il cherche son cahier. Il dit que ses devoirs de maths y sont et qu'il en a besoin pour la prochaine leçon.
Joëlle dit que ce n'est pas bien, que c'est grave. Elle ajoute qu'elle va l'aider.
Louis la remercie. Il lui demande si elle peut chercher dans la salle de classe de chimie. Il dit qu'il va chercher dans son sac à dos.
Joëlle est d'accord. Elle demande si Louis veut qu'elle regarde aussi dans la salle des profs.
Louis dit que le cahier de maths ne peut pas être dans la salle des profs. Il ajoute que ce n'est pas possible.
Joëlle regarde dans son sac à dos et trouve un cahier. Elle dit que ce n'est pas son cahier que c'est le cahier de Louis. Elle demande où est son cahier de maths.
Louis la remercie d'avoir trouvé son cahier. Il veut savoir où est le cahier de Joëlle. Il ajoute qu'ils vont le chercher.

Station 1 Pourquoi l'imparfait? — Page 36

Exercice 1

Description (rouge): 1, 4, 7, 9
Habitude (bleu): 2, 5, 8
Actions simultanées (vert): 3, 6, 10

Station 2 Imparfait ou passé composé? — Page 37

se levait – faisait – prenaient – lisait – a sonné – a invitée – est sortie – a rencontré – était – avait – a bu – ne l'a pas payée – a offert – est rentrée – s'est mise – est montée – s'est couchée – voulait – est venu – faisait – a entendu – est descendue – sont parties – se sont arrêtées – sont allées – est rentrée

Station 3 Puissance quatre — Page 39

	passé composé	imparfait	passé composé	imparfait	passé composé
ils	ils sont descendus / descendre	ils jetaient / jeter	ils ont maigri / maigrir	ils découvraient / découvrir	ils ont trouvé / trouver
elle	elle a mangé / manger	elle allait / aller	elle a été / être	elle s'appelait / s'appeler	elle a peint / peindre
vous	vous avez couru / courir	vous preniez / prendre	vous avez connu / connaître	vous voyiez / voir	vous avez grimpé / grimper
tu	tu as lu / lire	tu te dépêchais / se dépêcher	tu as eu / avoir	tu faisais / faire	tu as perdu / perdre
il	il s'est réveillé / se réveiller	il mettait / mettre	il a vu / voir	il trouvait / trouver	il a parlé / parler
nous	nous avons découvert / découvrir	nous peignions / peindre	nous nous sommes appelé(e)s / s'appeler	nous étions / être	nous avons mis / mettre
je	j'ai joué / jouer	j'avais / avoir	j'ai fait / faire	je courais / courir	je me suis dépêché(e) / se dépêcher
elles	elles ont pris / prendre	elles mangeaient / manger	elles ont jeté / jeter	elles lisaient / lire	elles sont allées / aller

Station 4 Avec une montgolfière sur la Côte d'Azur — Page 40/41

Exercice 1

Individuelle Lösungen möglich. Richtig sind alle Informationen zu:
- Städten und besonderen Orten
- interessanten Gebäuden und Bauwerken
- interessanten Museen
- Schlössern, Burgen und Palais
- Opern- und Theaterhäusern
- besonderen Festen und Veranstaltungen
- Kirchen und Klöstern
- Universitäten
- größeren Inseln und Halbinseln
- Naturschönheiten
- von Ventimiglia bis nach Toulon

Station 5 Le concert — Page 42

suis sortie – avons mangé – C'était – avait parlé – était allée – sommes allées – j'avais achetés – ont été / étaient – y avait – faisait très chaud – était – avons commencé – C'était – ne connaissions pas – a dit – avons ri

Station 6 Le futur simple — Page 43

Exercice 1

		ira		
	attendrai			
regarderez				
écrirons				
	liras			
		finirai		
			seras	
			achèterez	
		boiront		
		sortirai		
	danserez			
		arriveront	partirai	
				arriverez
			parleras	
		mangerons		
	viendrons			
	seront			
écoutera				
	partira			
		ferez		
			écrirai	
			finirons	

Station 7 Tout sera bien!

Page 44/45

a) iront, rencontreront, b) écriront, c) mangera, d) voudra, e) devra,
f) voyagerai, passeras, g) ne pourra pas, h) boira, i) lirai, j) aura, achèteront,
k) t'appellerai, serai, l) viendras, m) verrai, serai, n) enverra, sera, o) chanteront,
p) pourra, devra, q) vendrai, achèterai, r) ferez, s) serez, t) copiera,
u) partirons, prendrons, irons, v) n'oublierons pas, aurons, w) finiront, x) visiterez,
y) mangeront, z) oubliera, pensera

Station 9 De temps en temps

Page 47

infinitif	présent	passé composé	imparfait	futur composé	futur simple	en Allemand
savoir	il sait	nous avons su	elle savait	je vais savoir	je saurai	wissen/können
avoir	nous avons	j'ai eu	tu avais	ils vont avoir	elle aura	haben
vouloir	vous voulez	elle a voulu	ils voulaient	vous allez vouloir	tu voudras	wollen
être	je suis	tu as été	elles étaient	nous allons être	ils seront	sein
faire	elle fait	ils ont fait	je faisais	tu vas faire	elles feront	machen, tun
aller	tu vas	elles sont allées	ils allaient	nous allons aller	j'irai	gehen
pouvoir	ils peuvent	j'ai pu	vous pouviez	je vais pouvoir	nous pourrons	können
venir	elles viennent	nous sommes venus/venues	nous venions	il va venir	tu viendras	kommen
prendre	je prends	tu as pris	tu prenais	nous allons prendre	on prendra	nehmen
mettre	ils mettent	on a mis	nous mettions	vous allez mettre	il mettra	stellen, setzen
partir	vous partez	il est parti	je partais	je vais partir	elle partira	wegfahren/weggehen
sortir	nous sortons	elle est sortie	elle sortait	ils vont sortir	vous sortirez	herausfahren/verlassen
voir	tu vois	vous avez vu	tu voyais	tu vas voir	ils verront	sehen
boire	on boit	ils ont bu	ils buvaient	ils vont boire	tu boiras	trinken
choisir	il choisit	tu as choisi	elles choisissaient	elles vont choisir	tu choisiras	aussuchen
devoir	elle doit	vous avez dû	je devais	je vais devoir	ils devront	müssen
dormir	vous dormez	vous avez dormi	nous dormions	ils vont dormir	elles dormiront	schlafen

Station 2 Les expressions des sentiments
Page 53

Exercice 2
1. bonheur, 2. reconnaissance, 3. étonnement, 4. nostalgie, 5. gratitude, 6. déception

Station 3 Un SMS pour toi
Page 54/55

Exercice 1

SMS d'amour:
1. Si l'amour se comptait en grain de sable, je t'aimerai comme le désert.
3. La mer est faite pour nager, le vent pour souffler, et moi je suis fait pour t'aimer.

SMS de tristesse:
6. Pourquoi joues-tu avec mes sentiments? Tes mots d'amour ne sont que du vent. Pourquoi me faire espérer pour après m'ignorer?
2. Derrière un sourire se cache beaucoup de tristesse et derrière la tristesse se cache beaucoup de choses …

SMS amusants:
5. Les hommes sont comme les bus. Quand on en rate un, on prend le prochain.
8. Quand on ne sait pas où on va … il faut y aller et le plus vite possible!

SMS de bonne chance:
4. Bonne chance et bon courage! Je suis de tout cœur avec toi! Je suis sûr que tu peux réussir!
10. Je te souhaite une bonne réussite et surtout une bonne réponse. Mais il faut y croire. Je suis de tout cœur avec toi!

SMS d'amitié:
7. Un ami c'est quelqu'un qui vous connait bien et qui vous apprécie tel que vous êtes.
11. Une vie sans amour serait solitude … une vie sans tendresse serait cruelle … une vie sans confiance serait vide … mais sans ami ce ne serait pas une vie.

SMS de merci:
9. Merci pour vos petits mots, qui sont pour moi de vrais cadeaux.
12. Je te remercie de tout cœur pour ta carte d'anniversaire!

Station 4 A ton avis — Page 56/57

Donner son avis personnel
A mon avis
Selon moi
Il me semble que
Je pense que
Je suis convaincu(e) que
Je trouve bien/mal que
On peut constater/confirmer que
Je partage l'opinion de

Exprimer un jugement
Il est certain que
Il est absolument hors de question
Sans aucun doute
Il est exclu que
Il est (im)probable que
On pourrait dire que
Je doute fort que
Je dirais que
Il me semble bien que

Se référer à qc./qn.
A propos de
En ce qui concerne
Quant à
A cet égard

Station 5 Sujets de discussion — Page 58

1. Il ne cuisine pas. Il ne repasse pas.
2. Elle veut être à la mode.
3. Il va très souvent au Mac Donald.
4. Les enfants de Marc et Carla n'aiment pas aller aux fêtes de famille. Ils préfèrent rester à la maison.
5. Louise a 14 ans.
6. Après l'école il regarde la télé. Il joue de la guitare.
7. Laura veut devenir assistante sociale. Ils veulent qu'elle se marie.

Retranscriptions de la compréhension orale

Piste 1 – Station 4: La francophonie II
Exercice 1 et 2 (La France, S. 12/13)

On parle le français un peu partout dans le monde. Un francophone est une personne qui parle couramment français, mais les francophones n'utilisent pas partout le français de la même manière. Dans les pays francophones, le français peut être:

- La langue maternelle (langue qu'on apprend dans son enfance): en France, au Québec, en Belgique, en Suisse, à Monaco, …
- La langue officielle ou administrative (langue utilisé par le gouvernement et l'administration): au Sénégal, en Nouvelle-Calédonie, en Guyane, …
- La langue d'enseignement privilégié (première langue qu'on apprend à l'école): en Roumanie, au Maroc, en Egypte, …

Une cinquantaine d'états dans le monde sont membres de la francophonie. Le 20 mars est la Journée de la Francophonie, où les 220 millions de personnes qui parlent le français fêtent leur langue commune. Les consulats et les ambassades organisent des concours de poésie, des festivals de bande dessinée ou des soirées de démonstration de cuisine française.

Si la francophonie est devenue une réalité c'est grâce à trois chefs d'Etat africains, Léopold Sédar Senghor (Sénégal), Habib Bourguiba (Tunisie) et Hamani Diori (Niger) qui, en 1970, ont créé l'Agence de la Francophonie pour initier une coopération active entre ses pays membres dans les domaines de l'art, de la culture, de l'éducation, de la science et de la technique.

Les pays francophones ont un passé commun avec la France mais aussi des objectifs communs pour l'avenir: développement de la démocratie, soutien aux droits de l'homme, dialogue des cultures, développement économique, …

Parmi ses actions, on peut citer les échanges d'expériences, d'information et de savoir-faire destinés à promouvoir la mobilité des jeunes de 18 à 30 ans à l'intérieur de l'espace francophone. En plus, se produisent de grandes manifestations comme le Sommet de la Francophonie (tous les deux ans), la Journée Internationale de la Francophonie (le 20 mars) et beaucoup d'initiatives locales. La culture francophone est vivante, elle a des représentants mondialement connus.

Piste 2 – Station 6: Paris et ses monuments
(La France, S. 15/16)

1. Le monument le plus connu de Paris, c'est la Tour Eiffel. Elle a été construite en 1889 pour l'exposition universelle et mesure 320 m.
2. Les Champs-Élysées, c'est l'avenue la plus célèbre de France. Elle est très luxurieuse.
3. On a construit l'Arc de Triomphe à la gloire de Napoléon. On y trouve la tombe du soldat inconnu.
4. La Place de la Concorde est la plus grande place de Paris. On y voit un obélisque au milieu.
5. Notre Dame est une église très connue de Paris. Elle est située sur l'île de la Cité.
6. Un des musées le plus connu et le plus beau du monde s'appelle le Louvre. On y trouve la Joconde ou le portrait de Mona Lisa.
7. Le Sacré-Cœur est une église blanche avec un dôme, qui se trouve à Montmartre.

Piste 3 – Station 2: C'est comme ça l'école en France
(Le système scolaire en France, S. 22)

L'école en France

Les enfants en France commencent l'école, comme chez vous en Allemagne, à l'âge de trois ans. Quelques enfants commencent déjà à deux ans. Comme vous, un Français va d'abord à l'école maternelle. C'est le « Kindergarten » en Allemagne. L'école maternelle n'est pas obligatoire. Si on y va, on a trois années d'école, où on apprend des choses élémentaires, mais très utiles pour la vie.

Après l'école maternelle il y a trois écoles en France. Ce n'est pas exactement comme en Allemagne. Les élèves français vont à l'école de six à 17 ans. La première école s'appelle école primaire. A l'école primaire il y a cinq classes: le cours préparatoire, deux cours élémentaires et deux cours moyens. Les élèves vont de six à dix ans à l'école primaire. C'est votre « Grundschule ». C'est une école obligatoire.

Après l'école primaire il y a le collège. Tous les Français vont au collège à l'âge d'onze ans et c'est obligatoire d'y aller comme à l'école primaire.
Le collège se compose de quatre classes. On compte à l'envers: sixième, cinquième, quatrième, troisième. Là, à l'âge de 14 ans, on passe le brevet, qu'on peut comparer à la « Mittlere Reife ».

La troisième école s'appelle le lycée. Il y a trois classes: la seconde, la première et la terminale. A la fin du lycée on passe le baccalauréat pour aller à l'université, si on veut, bien sûr.

Piste 4 – Station 4: Les sentiments
Exercice 1 (Le système scolaire en France, S. 25)

Dans la classe de mon correspondant

Hier, à l'école on a regardé un film. C'était un film d'horreur et Nicolas était choqué par certaines scènes de ce film.

Pendant le cours d'allemand, un nouvel élève qui s'appelle Matthieu est entré dans la classe et il était très gêné.
Il a écrit une histoire pleine de fautes et la prof était frustrée. Pauvre Matthieu!

Pendant la récréation, moi et mon correspondant, nous sommes allés voir Christine et Sophie. Loïc est timide, c'est pour ça qu'il n'a pas osé demander aux filles de venir à sa boum. Heureusement, il est resté tranquille et moi, avec mon français de débutant, je leur ai demandé de venir.

Quand, vers cinq heures de l'après-midi, on est retourné à la maison de Loïc, son père lui a annoncé que nous irions à Paris, nous étions très heureux et joyeux pendant toute la journée.

Normalement, je suis un garçon silencieux et je ne parle à personne mais chez mon correspondant la vie est plus facile et moi, je suis heureux et fier.

Piste 5 – Station 1: Un portrait
Exercice 1 (Des portraits, S. 30)

Un portrait de Sophie

C'est une fille qui habite à Paris et qui a quatorze ans. Elle a un frère qui a dix ans qui s'appelle Marc et une amie qui habite en Allemagne. Elle aime beaucoup le livre que sa mère leur a donné. Son père a trouvé une nouvelle voiture qui s'appelle Renault Mégane et qui a couté 15.000 €. Faire du jogging est un hobby qu'elle exerce souvent. Parfois elle n'aime pas les repas que sa mère prépare.

Piste 6 – Station 5: Sujets de discussion
Exercice 1 (Sentiments et arguments, S. 58)

1. Nicolas a beaucoup d'occupations après l'école. Il n'est pas souvent à la maison. Lorsqu'il est là, il ne participe pas aux travaux ménagers. Il ne cuisine pas, il ne repasse pas, il ne nettoie pas … Il range seulement sa chambre de temps en temps.

2. Elodie demande régulièrement à sa mère de lui donner de l'argent pour aller s'acheter des vêtements. Elle veut être à la mode et s'achète une nouvelle tenue tous les mois. Jusqu'au jour où sa mère décide de ne plus lui donner de l'argent aussi souvent.

3. Victor à treize ans. Pendant la pause de midi, il reste en ville avec ses amis. Il mange des sandwichs ou des frites. Il va très souvent au Mac Donald. Lorsqu'il rentre à la maison, il ne mange pas ce que sa mère a cuisiné. Il préfère grignoter des chips devant la télé.

4. Les enfants de Marc et Carla n'aiment pas aller aux fêtes de famille, aux anniversaires, aux mariages, aux baptêmes. Ils trouvent cela ennuyeux et préfèrent rester à la maison avec leurs copains. Ils ne voient pas souvent leurs grands-parents ni leurs oncles et tantes, ni leurs cousins.

5. Louise a 14 ans, elle voudrait sortir le samedi soir. Elle veut sortir en boîte avec ses amis et danser jusqu'à trois ou quatre heures du matin.

6. Philippe a 15 ans. Il ne travaille pas beaucoup à l'école. Quand il rentre, il ne révise pas. Il regarde la télé ou s'enferme dans sa chambre pour jouer de la guitare.

7. Laura voudrait étudier pour devenir assistante sociale. Ses parents ne sont pas d'accord, ils pensent qu'il faut qu'elle se marie et fonde une famille. Pour eux, ce n'est pas très important qu'elle fasse des études.

Auer empfiehlt

Die optimale Ergänzung zu diesem Buch:

68 S., DIN A4
- Best-Nr. **06964**

Juliane Stubenrauch-Böhme

Die schnelle Stunde Französisch
30 originelle Unterrichtsstunden ganz ohne Vorbereitung

- Besonders für Vertretungsstunden, aber auch als Lückenfüller für den eigenen Unterricht!

Kurzfristig eine Vertretungsstunde aufgebrummt bekommen und keine Ahnung, was Sie so schnell aus dem Hut zaubern sollen? Oder haben Sie eine Lücke in Ihrem Französischunterricht zu füllen?
Mit diesen 30 originellen Unterrichtsstunden haben Sie immer das Richtige parat. Keine Vorbereitung, kein Basteln, keine aufwendigen Materialien. Auf dem Weg zum Klassenraum oder am Kopierer lesen Sie sich den Stundenverlauf kurz durch und schon kann es losgehen. Durch den klaren Aufbau, witzige Zeichnungen und nützliche Angaben zu Klassenstufe, Zeit und Varianten sind Sie in nur fünf Minuten bestens vorbereitet für eine interessante und lehrreiche Stunde! Die Ideen sind abwechslungsreich und immer auf eine Schulstunde angelegt, zum Teil erweiterbar auf eine Doppelstunde. Und das Beste: Die Schüler werden von den kurzweiligen und spannenden Unterrichtsstunden begeistert sein!
Bataille navale, Jeux de rôle oder Photo-histoire: Spielerisch und interaktiv erwerben die Schüler grundlegendes Wissen aus dem Fach Französisch..

WWW.AUER-VERLAG.DE
WEBSERVICE
www.auer-verlag.de/go/
06964

Blättern im Buch

Download

Leseprobe

Weitere Titel zu dem Thema:

Juliane Stubenrauch-Böhme
55 Stundeneinstiege Französisch
Einfach, kreativ, motivierend!
64 S., 16,5 x 23,5 cm
- Best-Nr. **06802**

Lindsey Haas, Klaus Stenzel
Rätselspaß Französisch
Spielerisch Französisch lernen!
84 S., DIN A4
- Best-Nr. **04797**

Bert Kohl
Französisch humorvoll und interaktiv unterrichten
Zentrale Themenfelder spielerisch einführen, erarbeiten und festigen!
CD-ROM
- Best-Nr. **07235**

Bestellschein (bitte kopieren und faxen/senden)

Ja, bitte senden Sie mir gegen Rechnung:

Anzahl	Best.-Nr.	Kurztitel
	06964	Die schnelle Stunde Französisch
	06802	55 Stundeneinstiege Französisch
	04797	Rätselspaß Französisch
	07235	Französisch humorvoll und interaktiv unterrichten

☐ Ja, ich möchte per E-Mail über Neuerscheinungen und wichtige Termine informiert werden.

E-Mail-Adresse

Auer Verlag
Postfach 1152
86601 Donauwörth

Fax: 09 06 / 73-178
oder einfach anrufen:
Tel.: 09 06 / 73-240
(Mo-Do 8:00-16:00 & Fr 8:00-12:00)
E-Mail: info@auer-verlag.de

Absender:

Aktionsnummer: 9066

Vorname, Nachname

Straße, Hausnummer

PLZ, Ort

Datum, Unterschrift

1.3 Faire le portrait de quelqu'un

 ab 1. Lernjahr

 45 min

 Schülerheft oder Papier, evtl. Abbildungen von Personen

 Föderung der mündlichen Ausdrucksfähigkeit

 evtl. Papier und Abbildungen von verschiedenen Personen bereitlegen

Zu Beginn der Stunde projiziert die Lehrkraft die Abbildung einer Person oder malt ein Strichmännchen an die Tafel. Im Unterrichtsgespräch werden Kategorien an der Tafel – am günstigsten in Form einer Mindmap – gesammelt, mit deren Hilfe man eine Person beschreiben kann.

Mögliche Kategorien:

âge: onze, douze, treize, quatorze ans …
ville / village: Strasbourg, Paris, Lyon, Toulouse, Nantes, Nice, Rennes …
famille: sœur, frère, mère, père, grand-parents, cousins, tantes, oncles …
animal: un chien, un chat, une souris, un hamster, un canari, un poisson, un cheval …
sport: le foot, le skate, le ski, le surf, le ping-pong, le basket, le judo, la natation, le tennis, la gymnastique …
musique: le violon, la batterie, la guitare, le piano, le saxophone …
spectacles: les films, le cinéma, le théâtre …
vacances: la montagne, la plage …

Anschließend fertigt jeder Schüler einen Steckbrief von sich an. Die Steckbriefe werden eingesammelt und gemischt.
Jeder zieht einen Steckbrief und stellt der Reihe nach in vier bis fünf Sätzen den Steckbrief bzw. die Person vor. Die Mitschüler raten, um wen es sich handelt.

 Die Mitschüler stellen Fragen, bis sie erraten, um wessen Steckbrief es sich handelt.

 Die Steckbriefe können im Klassenzimmer aufgehängt werden.